Vera Papadopoulos

Arbeitslosigkeit und MAE-Maßnahmen

GRIN Verlag

Bibliografische Information der Deutschen Nationalbibliothek:

Die Deutsche Bibliothek verzeichnet diese Publikation in der Deutschen National-
bibliografie; detaillierte bibliografische Daten sind im Internet über http://dnb.d-
nb.de/ abrufbar.

Impressum:

Copyright © 2011 GRIN Verlag GmbH
Druck und Bindung: Books on Demand GmbH, Norderstedt Germany
ISBN: 978-3-656-37708-5

Dieses Buch bei GRIN:

http://www.grin.com/de/e-book/209497/arbeitslosigkeit-und-mae-massnahmen

"Soziale und persönliche Identität sind zuallererst Teil der Interessen und Definitionen

anderer Personen hinsichtlich des Individuums, dessen Identität in Frage steht"

(Goffman 1999:132)

1. „Es gibt kein Recht auf Faulheit in unserer Gesellschaft". Mit diesen Worten

entfachte Bundeskanzler Schröder bereits Anfang April 2001 eine heftige Debatte über

„Faulenzer", „Drückeberger", „Scheinarbeitslose" und „Sozialschmarotzer".

Die Wirtschaftsforschungsinstitute entgegneten, dass nicht die Arbeitslosen,

sondern „das System faul sei" (Oschmiansky 2001: 6).

Ich habe in meinem Berufsfeld auf verschiedenen Ebenen Stigmatisierungen beobachtet/

festgestellt. Sehr erstaunt und beschäftigt hat mich die Feststellung, dass es nicht nur

persönliche Stigmatisierungen gibt, sondern auch politische (siehe obiges Zitat), strukturelle

und ortsgebundene Stigmatisierungen. Teilnehmerinnen der MAE- Maßnahmen werden in

abgelegenen, verwahrlosten Gebäuden beschäftigt und paradoxerweise mit dem Ziel der

Integration exkludiert. Es scheint fast so, als müsse man die arbeitslosen Menschen von der

Gesellschaft fern halten und umgekehrt. Werden Menschen räumlich derart ausgesondert,

werden bereits vorhandene Stigmata bestätigt und stabilisiert.

Arbeitslose befürchten heute Dauerarbeitslosigkeit; das bedeutet, dass sie sich mit der Idee,

lebenslang stigmatisiert zu sein, auseinandersetzen müssen.

Der Träger beschäftigt einen Bildungsreferenten (Diplom-Politologe), Herrn K., welcher die

Aufgabe hat, den Teilnehmerinnen individuelle und bedarfsgerechte

Förderungsmöglichkeiten aufzuzeigen und für sie zu organisieren. Herr K. äußert sich ständig

abwertend und stigmatisierend über die Teilnehmerinnen, obwohl er weder sie persönlich,

noch ihre Biographie kennt. Er erhält lediglich die Anwesenheitslisten und bildet sich je nach

Anwesenheit und Fehlzeiten der Teilnehmerinnen ein Urteil. „Schmeißen sie die raus, die will doch eh nicht arbeiten", „dumm bleibt dumm", „wir schicken die Migrantinnen mal schön weit weg nach Treptow zum Bewerbungskurs, in den Osten wollen die sowieso nicht hin, mal sehen, welche Alibis sie sich einfallen lassen" und ähnliche Zitate belegen, wie negativ und entwürdigend er die Teilnehmerinnen beurteilt und verurteilt.

Auch in der Zusammenarbeit mit den Fallmanagern vom Jobcenter sowie den Erzählungen der Teilnehmerinnen über ihre Erfahrungen mit dem Jobcenter konnte ich, personengebunden, Stigmatisierungen beobachten. Ein Beispiel ist, dass eine junge Frau, welcher unberechtigterweise Leistungen vorenthalten wurden, aufgefordert wurde, die Kontoauszüge der vergangenen drei Monate vorzulegen, Zitat: „bevor sie wieder von uns Geld bekommen, wollen wir erst mal sehen, wofür sie ihr Geld ausgeben".

Berufsgruppen, welche laut Gesetzesgrundlage des SGBII zur Förderung der Menschen verpflichtet sind, begegnen den Adressatinnen mit Vorurteilen und stigmatisieren sie, paradoxerweise genau über das „Makel", Arbeitslosigkeit, welches die Grundlage der Arbeitsbeziehung ist. Die Beziehungen der Adressatinnen zum Träger der MAE- Maßnahme und dem Jobcenter sind durch eine eindeutige Hierarchie der Institutionen geprägt, da die Teilnehmerinnen entsprechend der Eingliederungsvereinbarung zur Einhaltung von Auflagen verpflichtet sind und bei Verstoß massive Sanktionen durch den zuständigen Fallmanager des Jobcenters erfolgen können. Die Begrifflichkeiten „Fallmanager" und „Eingliederungsvereinbarung" drücken sehr deutlich aus, dass Menschen aufgrund ihrer Erwerbslosigkeit zum „Fall" geworden und ausgegliedert worden sind. Hier zeigt sich, dass Stigmatisierungen auf der Basis individueller beziehungsweise vermeintlich fehlender individueller Leistungen basieren können. Leistung und Leistungsbereitschaft scheinen somit Wertemaßstäbe zu sein. Die genannten Beispiele verdeutlichen, dass Etikettierungsprozesse auch in sozialen und institutionellen Alltagsprozessen stattfinden (vgl. Böhnisch 2004:19).

Eine häufige Folge von Typisierungen und daraus resultierenden Benachteiligungen ist, dass die Erwartungen, die an Stigmatisierte herangetragen werden, schließlich von diesen selbst übernommen werden; sie wachsen in Erwartungskontexte hinein (vgl. Böhnisch 2004: 20). Konsequenzen sind i. a. eine entsprechende Identitätsveränderung mit parallel abweichendem Verhalten. Die veränderte Selbstdefinition als Ergebnis der Fremddefinition erzeugt und stabilisiert ihrerseits Verhaltensweisen, die die vorweg gefällten Erwartungen zu bestätigen scheinen (vgl. Sorger 2004:1).

Arbeitslosigkeit scheint ein prädestinierter Anlass für gesellschaftliche Ausgrenzung und Stigmatisierungen zu sein. Dem Aspekt Arbeitslosigkeit werden Attribute zugeordnet, die in keinem objektiven Zusammenhang mit der Arbeitslosigkeit stehen, z. B. „Sozialschmarotzer", „arbeitsfaul", „soziale Hängematte" etc. Aus diesen Attributen werden wiederum gesellschaftliche Folgen abgeleitet, die andere Personengruppen betreffen, wie beispielsweise der „Missbrauch von Steuergeldern"(vgl. Sorger 2004:2).

Aus der Aussage, dass „Erwerbsarbeit eine wachsende Bedeutung für das Selbstverständnis des Menschen hat" (Böhmer 20011:33), lässt sich folgern, dass erwerbslose Menschen bereits in ihrem Selbstverständnis und Selbstwertgefühl eingeschränkt sind. Stigmatisierungen manifestieren dieses bereits negative Selbstbild.

„Die Inklusion in das Bildungssystem und die damit eng verbundene Inklusion in den Arbeitsmarkt in der Regel als eine Voraussetzung für eine übergreifende gesellschaftliche Teilhabe verstanden. Aus anerkennungstheoretischer Perspektive ist die Inklusion in den Arbeitsmarkt besonders relevant, weil es sich hierbei um ein besonders wichtiges Anerkennungsmuster handelt. Insbesondere für die Entwicklung von Identität junger Erwachsener ist deshalb die Teilhabe an Ausbildung und Arbeit wichtig und ihre Exklusion wird als Missachtung erfahren" (Bohmeyer, A. 2011: 60). Diese Aussage verdeutlicht den hohen Stellenwert der Arbeit für die gesellschaftliche Teilhabe. Wertvoll ist, wer einer Erwerbsarbeit nachgeht. Wer keiner Erwerbsarbeit nachgeht, ist vermeintlich ungebildet, unwillig und faul und wird als ein „Sozialschmarotzer" stigmatisiert.

Die Gemeinschaft der MAE- Teilnehmerinnen lässt sich als eine „sympathisierende" Gemeinschaft charakterisieren, weil alle Teilnehmerinnen das gleiche Stigma teilen. „Unter seinesgleichen kann das stigmatisierte Individuum seine Benachteiligung als Basis seiner Lebensorganisation benutzen,…" (Goffman 1999: 31). Die meisten Frauen haben ähnliche, verbindende Lebenserfahrungen.

Meine Beziehung zu den Teilnehmerinnen ist durch eine strukturelle Ambivalenz geprägt: einerseits bin ich die Projektleiterin und die Kontaktstelle zum Jobcenter, andererseits in der Funktion der Sozialpädagogin die Vertrauensperson, an die man sich wendet, wenn man Hilfe benötigt. Meiner Wahrnehmung nach befinde ich mich, als noch relativ neue Projektleiterin der Maßnahme, im Grenzbereich zur „weisen Person, zur Grenzperson" (vgl. Goffman 1999:40). Die Teilnehmerinnen vertrauen mir zunehmend, wenden sich mit ihren

Problemen an mich, Scham und Selbstkontrolle werden hintergründig. So erfahre ich gerade über Familienkonflikte, Kontopfändungen, Überschuldungen, kriminelle Vergehen, Gerichtsverfahren usw. Dennoch bin ich „keine von ihnen", da ich Vorgesetzte mit anweisenden und kontrollierenden Funktionen bin.

Frau S. ist Teilnehmerin der MAE- Maßnahme „Selbstmanagement und Erziehungskompetenz" für arbeitslose Schwangere/ junge Mütter unter 25 Jahren. Sie ist 20-jährige Mutter mit einem 2-jährigem Sohn, im 8. Monat schwanger und ALGII- Empfängerin. Sie hat keinen Schulabschluss. Der Vater des ungeborenen Kindes ist inhaftiert.

Eines Morgens kam Frau S. völlig erregt zur Maßnahme und erzählte mir, was am Vortag passiert sei. Sie sei mit ihrem Sohn zum Jobcenter gegangen, wo ein geschätzt 50- 60-jähriger Mann, nennen wir ihn Herrn Y., im Warteraum sie völlig überraschend und lautstark mit den Worten „typisch Sozialschmarotzer, nicht arbeiten gehen, vom Staat leben und dann noch ein Kind nach dem anderen in die Welt setzen", angepöbelt habe. Frau S. war sehr aufgebracht und erzählte, dass sie dem Mann mit „was geht Sie das an, Sie leben ja offensichtlich auch HartzIV- Empfänger, sonst würden sie hier nicht sitzen!" entgegnet habe. Goffman bezeichnet diese Gegenstrategie als „feindseliges Bravado" (Hermanns: 4). Keiner von den beiden Personen konnte wirklich wissen, ob die andere Person erwerbslos und Leistungsempfängerin ist. Die Örtlichkeit Jobcenter implizierte beiden Personen offensichtlich, dass sich dort nur hilfebedürftige, erwerbslose ALGII- Empfänger aufhalten können, es fand eine gegenseitige Stigmatisierung statt. Herr Y. hat die äußeren Merkmale von Frau S. (jung, Kind, Schwangerschaft) in Kombination der Örtlichkeit Jobcenter mit den Attributen „fehlende Leistungsbereitschaft", „Unwillen" und dem Stigma, der Kategorisierung „Schmarotzer" in Verbindung gebracht. Es sind Zuschreibungen erfolgt, es handelt sich hier nicht um die Nennung von reellen und objektiven Eigenschaften. Herr Y. hat Frau S. eine virtuelle soziale Identität zugeordnet (vgl. Goffman 1999:10). Sehr deutlich wird dabei die offene und öffentliche Respektverweigerung und die Überschreitung der Nähe- Grenze in Form von Distanzlosigkeit (Hermanns:1,5). Herr Y. hat sich als „Normalen" betrachtet und den Wert „Arbeitsleistung" als Maßstab seiner Beurteilung zugrunde gelegt. Durch seine Aussage hat er Frau S. öffentlich diskriminiert und sich deutlich von ihr, der vermeintlich arbeitslosen und leistungsunwilligen Person, abgegrenzt. Gegebenenfalls hat die Begegnung mit Frau S. für Herrn Y. eine Bedrohung der eigenen Identität dargestellt

haben, vielleicht wurde er an eigene Abweichungstendenzen erinnert. „Das Gleichgewicht wird dann durch betonte Abgrenzung, d. h. durch Herausstellen der eigenen »Normalität« und Ablehnung der Abweichung des anderen, zu stabilisieren versucht Die Bedrohlichkeit des Stigmatisierten besteht ferner darin, dass dem »Normalen« das Instrumentarium fehlt, mit dessen »Anderssein« kognitiv, emotional und instrumental fertig zu werden" (Hohmeier 2005).

2. Da ich noch nicht lange die Arbeit als Projektleiterin verrichte, kann ich von keiner „peinlichen Begegnung" berichten, aber von eigenen „peinlichen" Gedanken.

Frau S. habe ich bereits kurz in Aufgabe 1 beschrieben. Wenn der 2- jährige Sohn, Dominik, nicht von der Tagesmutter betreut werden kann, bringt Frau S. ihn mit in die Maßnahme. Dominik ist in seiner Entwicklung, v. a. im sprachlichen und motorischen Bereich, deutlich retardiert; alle vorderen Zähne fehlen ihm, da sie „weg gefault" sind.

Als ich mit den Teilnehmerinnen einen Gebrauchtwarenladen besucht habe, um ihnen zu zeigen, wo man günstig gut erhaltene, gebrauchte Waren erwerben kann, hat Frau S. sich geweigert, den Laden zu betreten: „Gebrauchtes kaufe ich nicht, das ist ekelig und das habe ich nicht nötig".

Angeregt durch den in Aufgabe 1 beschriebenen Vorfall im Jobcenter hatte ich überlegt, ob ich auch schon stigmatisierende Gedanken gegenüber Frau S. hatte. Mir ist (erschreckender- und peinlicherweise) eine Vielzahl eingefallen, anbei eine Auswahl:

- „Ein 2. Kind an, und sie ist schon mit dem ersten überfordert... und dann auch noch von einem „Knacki"
- „Typisch: kein „Geld auf der Tasche haben", aber nichts Gebrauchtes kaufen wollen"
- „Auch typisch: Dominik bekommt Chips zum Frühstück und mittags gibt es Ravioli aus der Dose, das geht schnell und ist bequem, sie macht es sich einfach"
- „Frau S. wird bestimmt ihr Leben lang von ALGII leben"

Entsetzt habe ich festgestellt, dass auch ich Frau S. negativ bewertet und sie, genauso wie Herr Y., in eine „Schublade gesteckt" habe. Zwar habe ich ihr keine fehlende Leistungsbereitschaft unterstellt, aber sie mit anderen negativen Klischees belegt. Meine Problemsicht basierte nicht auf Tatsachen, sondern auf Deutungen (Klatetzki zit. n. Hinz o. J. S. 34).

Diese stigmatisierenden Gedanken haben in mir das Gefühl von Peinlichkeit erzeugt, da auch ich Frau S. etikettiert habe und mich in diesem Moment als sehr unprofessionell empfunden habe. Zudem gehört Entstigmatisierung zu einer der bedeutendsten Aufgaben der Sozialarbeit. Aufgrund langjähriger Erfahrungen in der Jugendhilfe habe ich Frau S. mit Attributen und Bedeutungen belegt, welche mir für ihre Biographie „typisch" erschienen. Unbewusst habe ich meine Erfahrungswerte und Wertvorstellungen auf sie übertragen. Die aktuale soziale Identität (vgl. Goffman 1999:10) von Frau S., ihren Charakter und ihre Kompetenzen habe ich in diesen Gedankenmomenten in den Hintergrund gestellt bzw. gänzlich ignoriert. Gedanklich habe ich ihre Lebenswelt reduziert (vgl. Goffman 1999: 13,14). Dieses Beispiel zeigt die Notwendigkeit der Bereitschaft und Fähigkeit zur professionellen Selbstreflexion. Es geht um das Bewusstsein, dass auch wir „Helfer" Menschen Merkmale und Bedeutungen zuschreiben, welche adäquate Erwartungen erzeugen und folgernd soziale Konsequenzen für das eigene Verhalten und das Verhalten der stigmatisierten Personen erzeugen.

3. In der Auseinandersetzung mit dem Thema Stigma wird zwischen diskreditierten und diskreditierbaren Individuen unterschieden; entscheidender Faktor ist die Deutlichkeit bzw. Sichtbarkeit der stigmatisierenden Merkmale. Beispiele:

Diskreditiert (Aufmerksamkeit erregender, sichtbarer, kaum verbergbarer „Makel") vgl. Goffman 1999:26	Diskreditierbar (nicht offensichtlicher, jedoch enthüllbarer „Makel") vgl. Goffman 1999: 56	Mögliche Merkmale und Stigmata
Übergewichtiger Mensch		Trägheit Faulheit Bequemlichkeit Unsportlichkeit wenig Selbstbewusstsein
	Erwerbsloser Mensch	Fehlende Leistungsbereitschaft Bildungsarmut Schmarotzer
Mensch mit auffälliger Hautkrankheit		Ungepflegtheit Ansteckungsgefahr Distanz Ekel
	Psychisch erkrankter Mensch	Hilfebedarf Gefahr Unkontrollierbarkeit
Obdachloser Mensch		Ekel, Abscheu Ungepflegtheit Übler Geruch Ansteckungsgefahr Sucht

	Sektenmitglied	Abhängigkeit Mystik Undurchschaubarkeit Ausbeutung
Kleiner Mann mit Luxusauto		Minderwertigkeitskomplexe „Potenzsteigerung" „prestigegeminderte Identitätsdiskrepanz" (vgl. Goffman 1999: 59)
	Frau, die ein Kind abgetrieben hat	Fehlende Moral Bequemlichkeit Verantwortungslosigkeit

Menschen, deren Stigma offensichtlich und kaum verbergbar ist, werden laut Goffman mit „Invasionen" in Richtung des Privaten konfrontiert: Sie werden angestarrt, sind krankhafter Neugier ausgesetzt, erhalten ungerechtfertigte Hilfsangebote (1999: 25f.).

Diskreditierbare Personen können parallel diskreditiert sein: z. B. ein psychisch erkrankter Mensch, dessen Familie und Freunde von der Krankheit wissen, aber nicht andere Personen. Bemerkenswert ist, dass einigen stigmatisierten Gruppen neben negativen Eigenschaften auch eine oder mehrere positive Eigenschaft zugeschrieben wird/ werden.
Beispiele dafür sind hohe Sensibilität von Menschen mit Behinderung und der Sinn für Ästhetik bei homosexuellen Männern.
Auch Kombinationen von einzelnen Merkmalen können diskreditierbar machen und Stigmata erzeugen: äußerlich unauffällige Menschen können in Kombination mit einer Örtlichkeit stigmatisiert werden, z. B. Menschen im Jobcenter, „Toilettenfrau" in öffentlicher Toilette, Friseuse im Friseursalon.
Aufgefallen ist mir bei der Erstellung der Tabelle, dass bestimmte Stigmata eine sehr große emotionale Wirkung auf den „Normalen" haben, z. B. Gefühle wie Ekel und Abscheu erzeugen. Dass solche intensiven Gefühle nur schwer verbergbar sind und Auswirkungen auf das Verhalten des Normalen und des Stigmatisierten erzeugen, erscheint logisch.

LITERATURVERZEICHNIS

Bildquelle: http://vdk.de/cms/img/3059B1123673312.jpg, letzter Zugriff 03.09.2011

Bohmeyer, A. (2011): Armut und Arbeitslosigkeit junger Erwachsener. In: Soziale Arbeit, 60. Jg., H.2/2011, 60ff

Böhmer, A. (2011): Teilhabe an den Rändern? Von unterschiedlichen Pfaden der Arbeitsgesellschaft und den Auswegen sozialer Arbeit. In: Forum sozial, Heft 1/2011, 33

Böhnisch, L. (2004): Inklusion / Integration / Bewältigung. Eine multidisziplinäre Einführung am Beispiel der Problemkreise abweichenden Verhaltens und sozialer Kontrolle. FH Potsdam PDF-Text-Download von [basa-online] Stand: 15. 4. 2004

Goffman, E. (1999): Stigma. Über Techniken der Bewältigung beschädigter Identität. 14. Auflage. Frankfurt: Suhrkamp

Hermanns, H. (o. J.): eLearning-Kurs "Soziologische Theorien und Soziale Arbeit" 6. Kapitel: Erving Goffman: Stigma. FH Potsdam, PDF- Text- Download von [basa-online], letzter Zugriff 12.09.2011

Hohmeier, J.(2005) : Stigmatisierung als sozialer Definitionsprozeß. In: Manfred Brusten, M./ Hohmeier, J. (1975): Stigmatisierung 1, Zur Produktion gesellschaftlicher Randgruppen, Darmstadt, S. 5 – 24
URL: http://bidok.uibk.ac.at/library/hohmeier-stigmatisierung.html#id3387973, letzter Zugriff 12.09.2011

Hinz, A. (o. J.): Vom sonderpädagogischen Verständnis der Integration zum integrationspädagogischen Verständnis der Inklusion?! FH Potsdam PDF-Text-Download von [basa-online] , Stand 23.08.2011

Klatetzki,T.: Flexible Erziehungshilfen. Münster 1993

Oschmiansky F./ Kull S., Schmid G. (2001): Faule Arbeitslose?

Politische Konjunkturen einer Debatte. Wissenschaftszentrum Berlin für Sozialforschung

gGmbH

URL: http://www.ssoar.info/ssoar/files/usbkoeln/2010/174/faulearbeitslose.pdf, letzter

Zugriff 11.09.2011

Sorger, S. (2004): Stigma und Entstigmatisierung aus gesellschaftspolitischer Sicht.

Impulsreferat - Netzwerktreffen Entstigmatisierung

URL: http://www.lrsocialresearch.at/files/Stigma_und_Entstigmatisierung.pdf, letzter Zugriff

08.09.2011